GUIDE
DU SONDEUR

OU

TRAITÉ THÉORIQUE ET PRATIQUE

DES SONDAGES

PAR

M. J. DEGOUSÉE

Ingénieur civil, fabricant d'équipages de sonde, entrepreneur de sondages pour les puits artésiens, les desséchements, la recherche des mines, l'étude des chemins de fer et canaux.

ATLAS

PARIS

LANGLOIS ET LECLERCQ, ÉDITEURS

81, RUE DE LA HARPE.

1846

1847

TRAITÉ THÉORIQUE ET PRATIQUE DE L'ART DES SONDAGES

PLANCHE I

Fig. 1 2 3 4 5 6 7 8 9 10 11 12 13 14 15 16

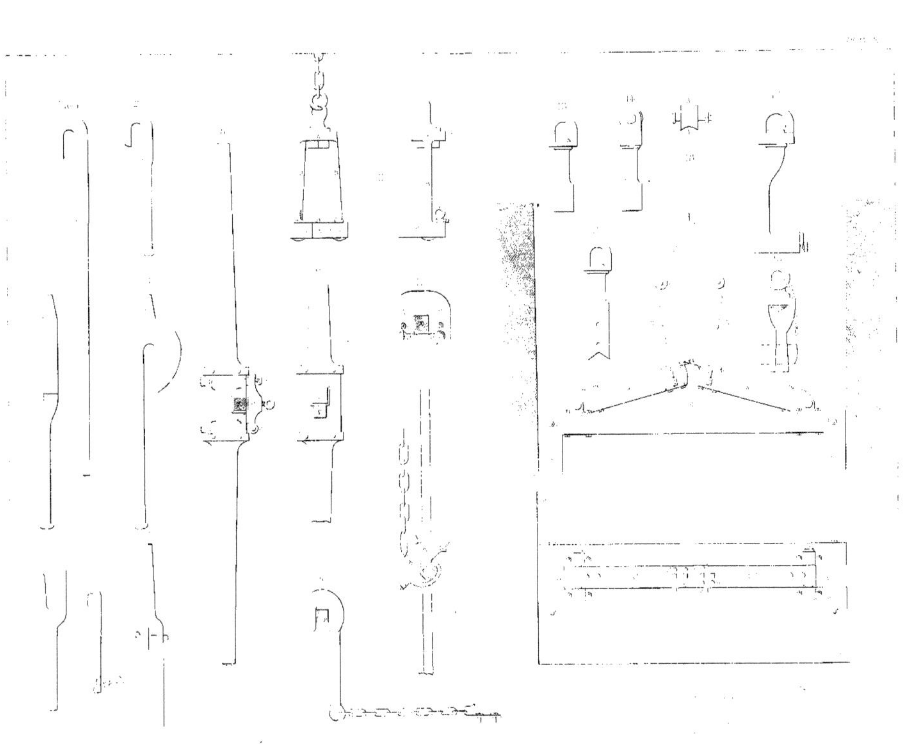

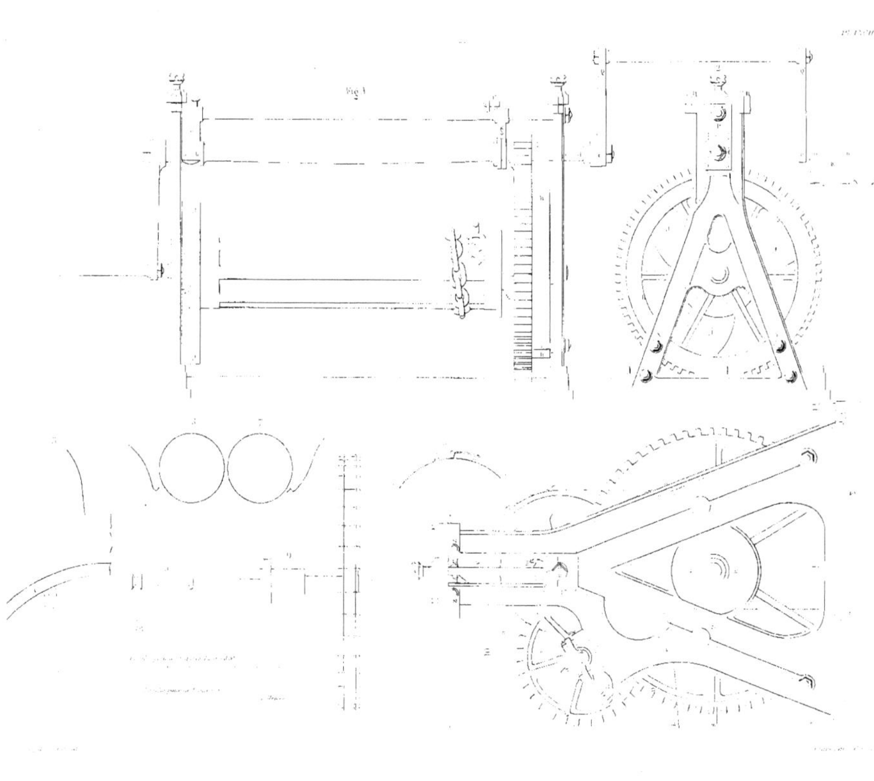

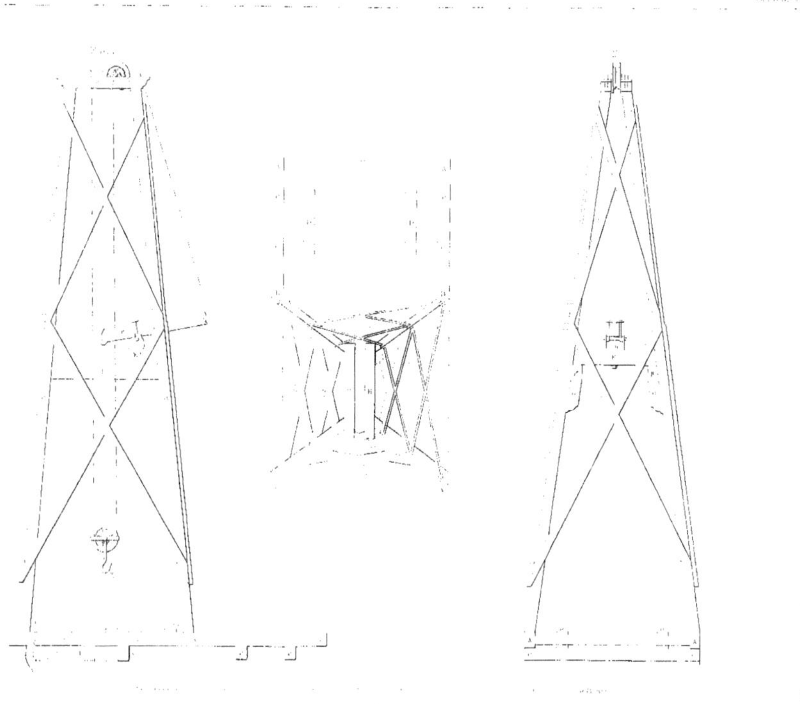

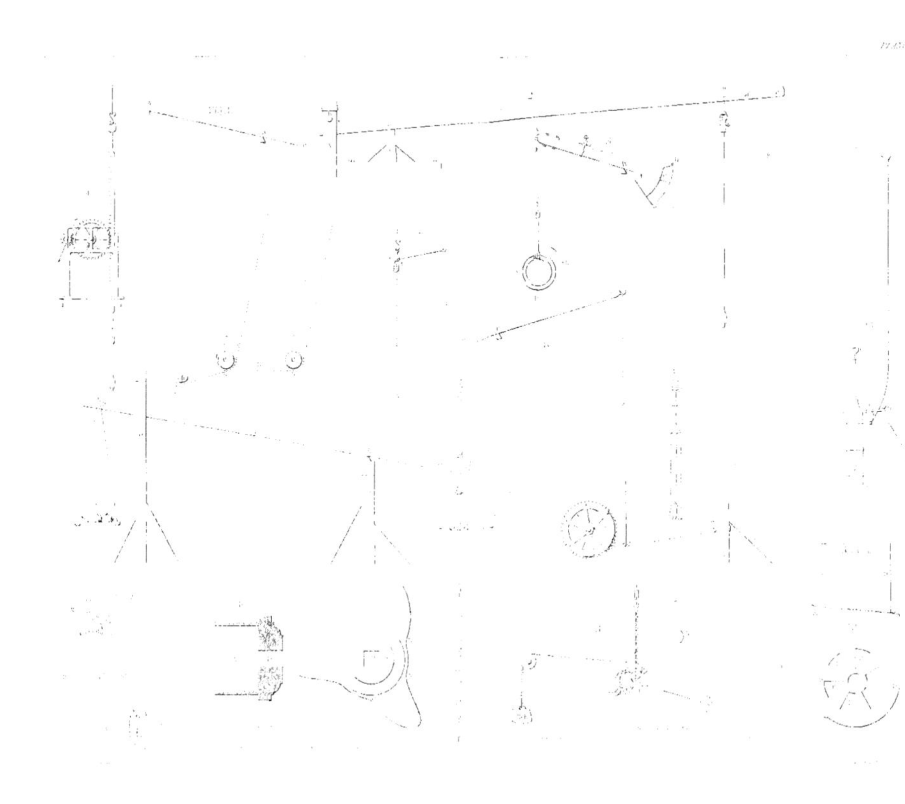

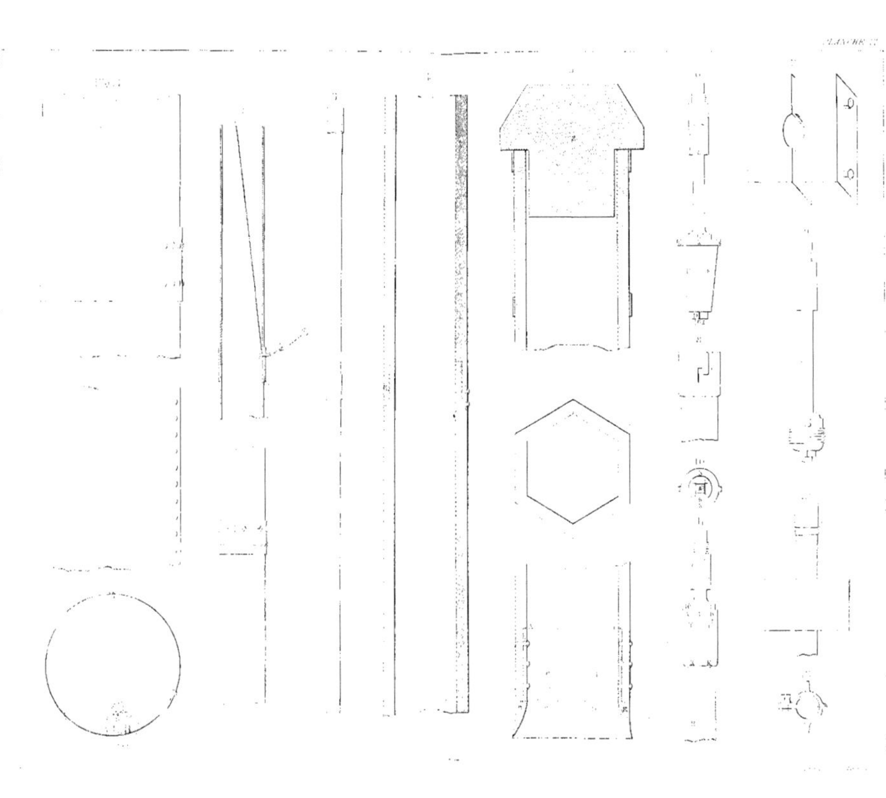

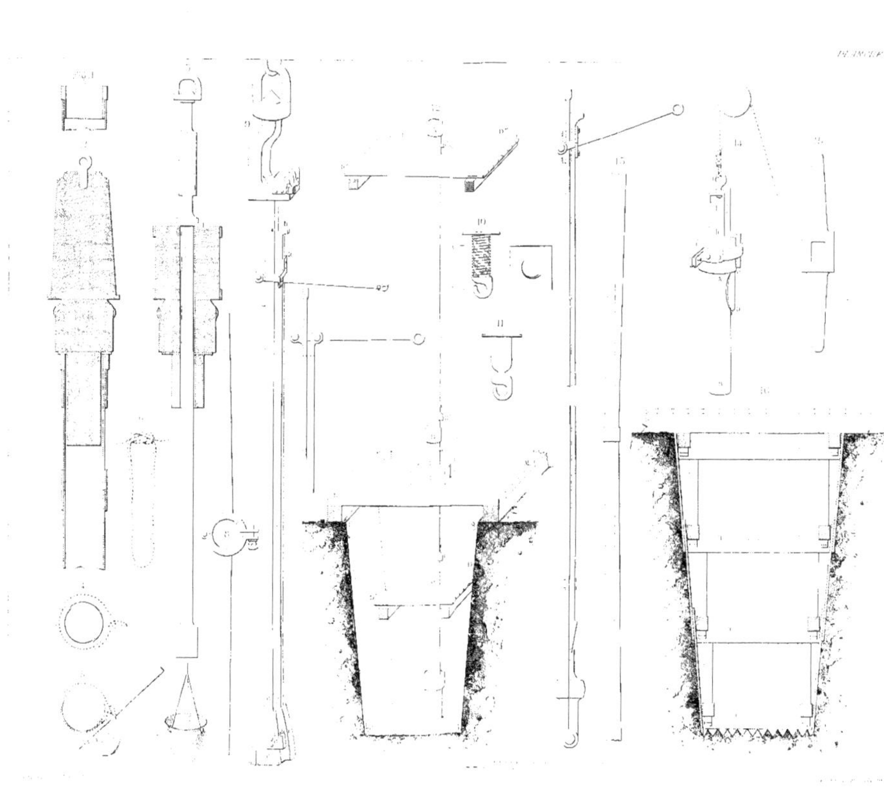

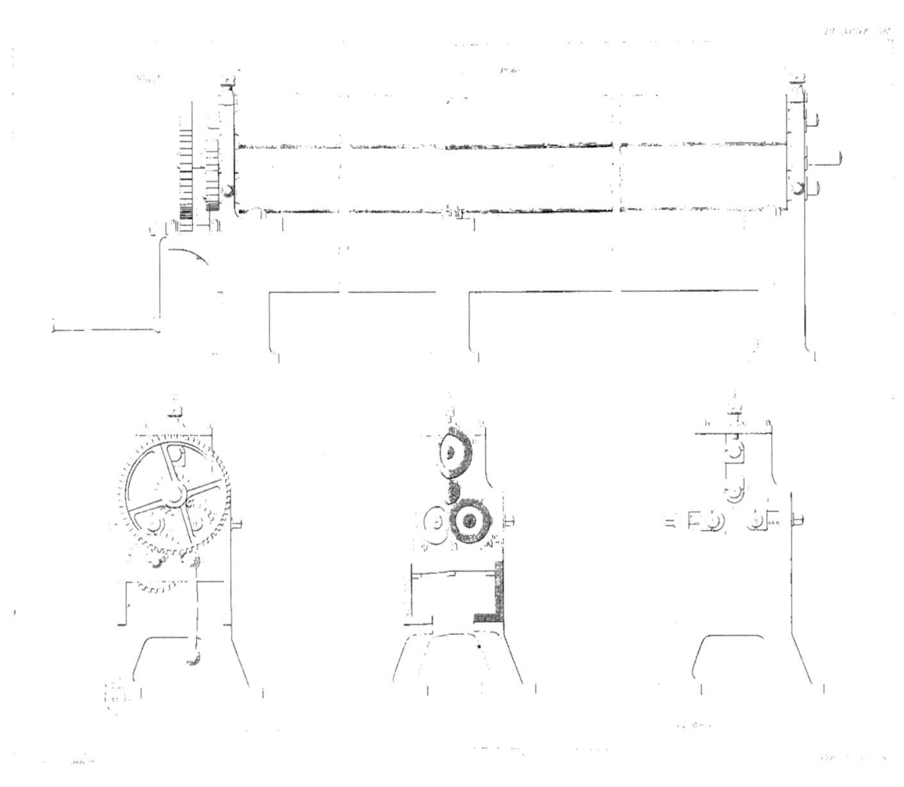

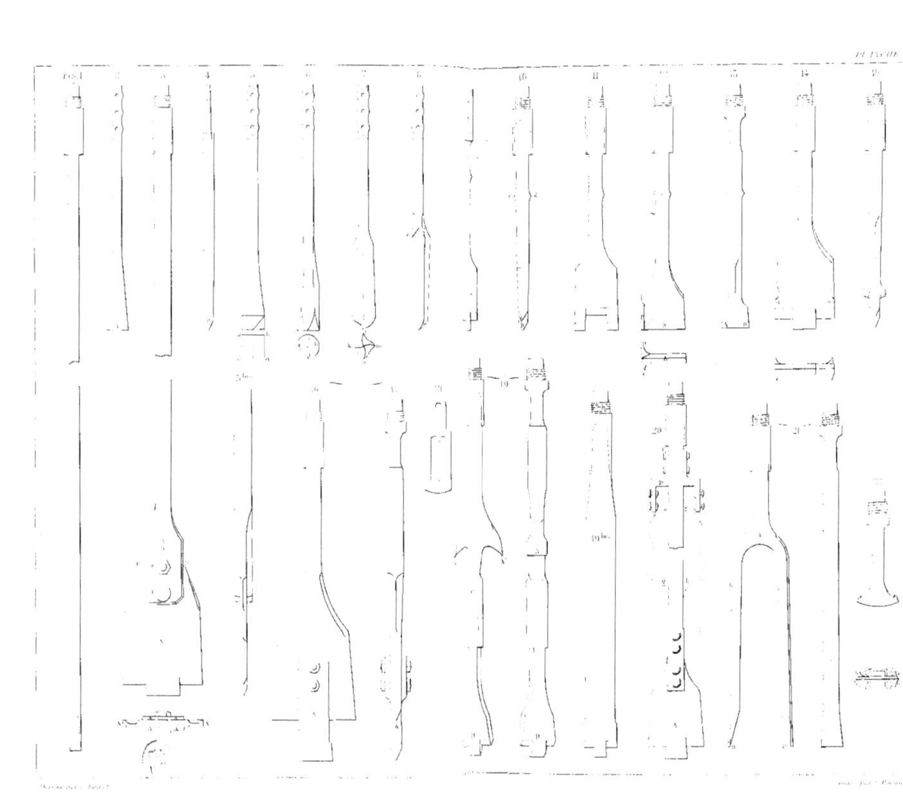

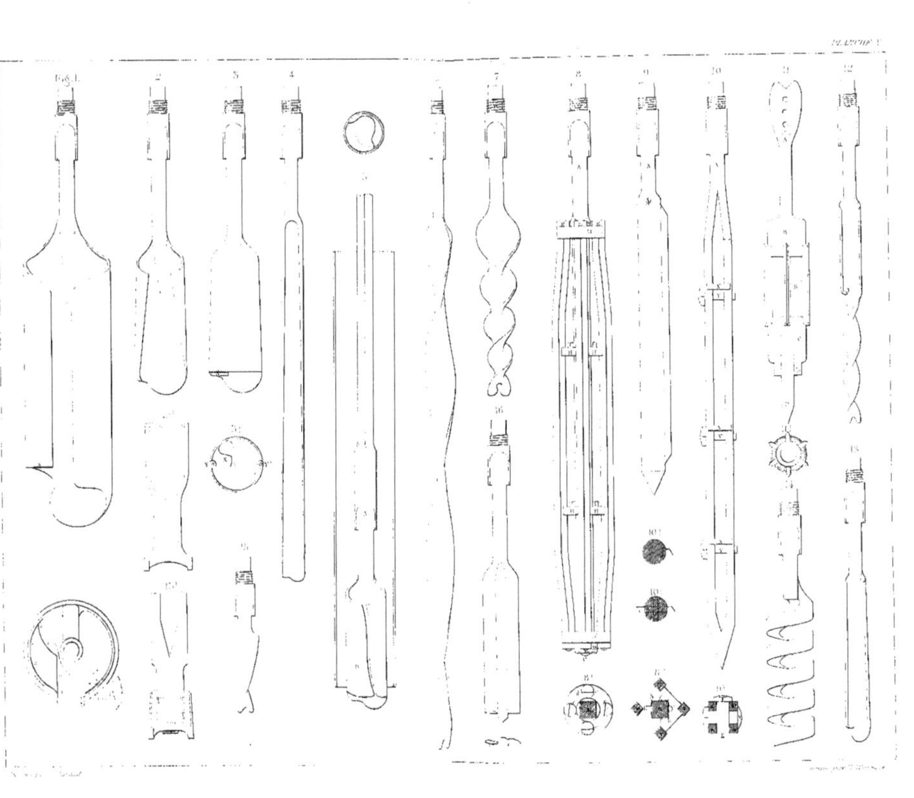

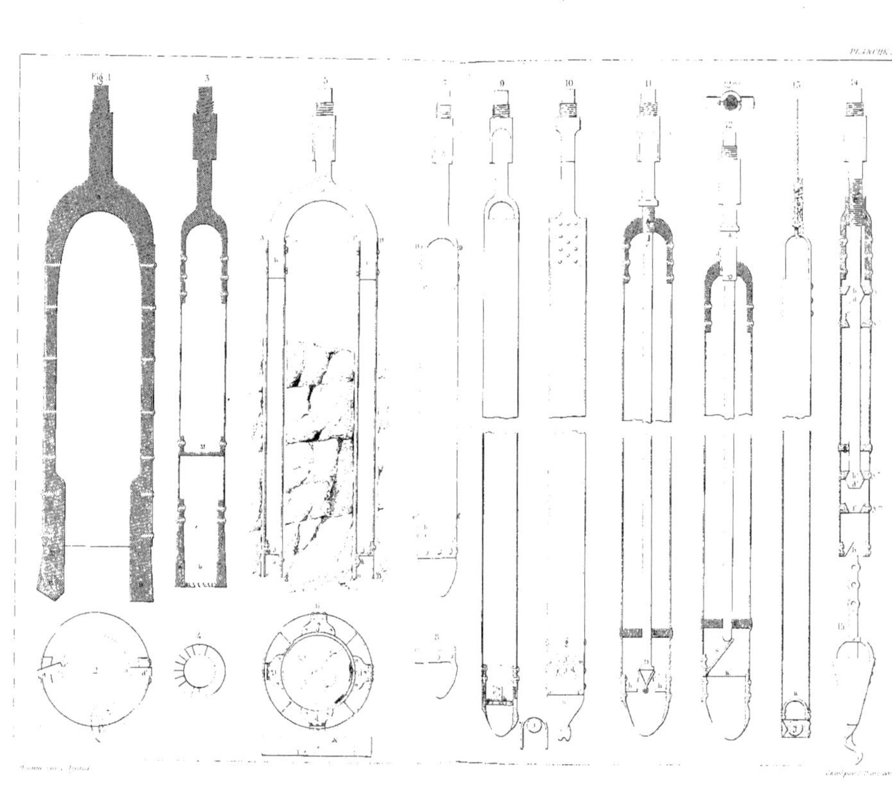
Pl. XCIII. 37
Fig. 1
3
5
7
9
10
11
12
13
14
2
4
6
8

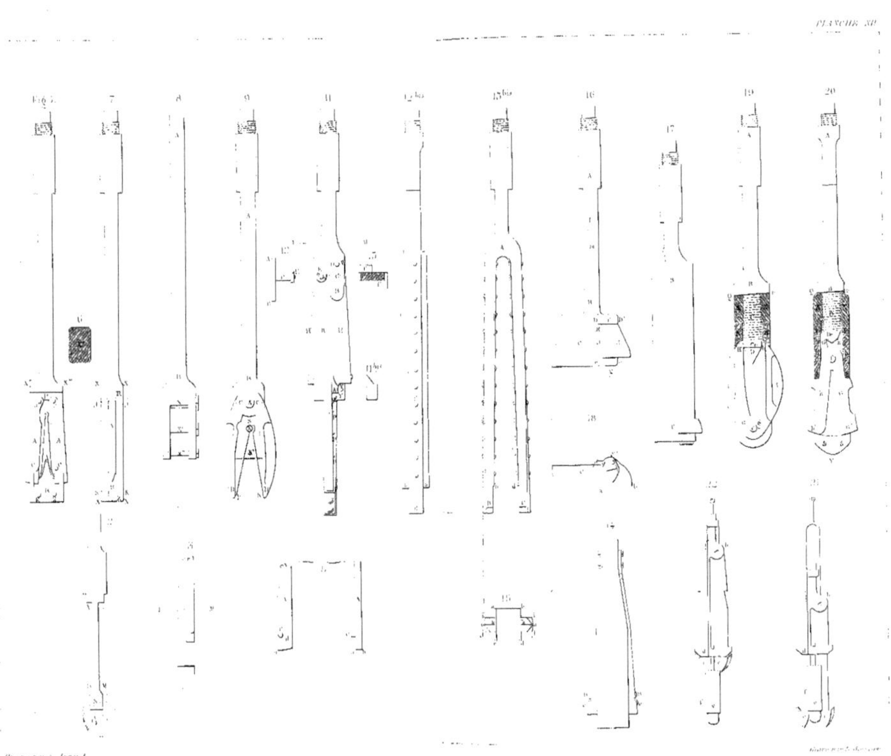

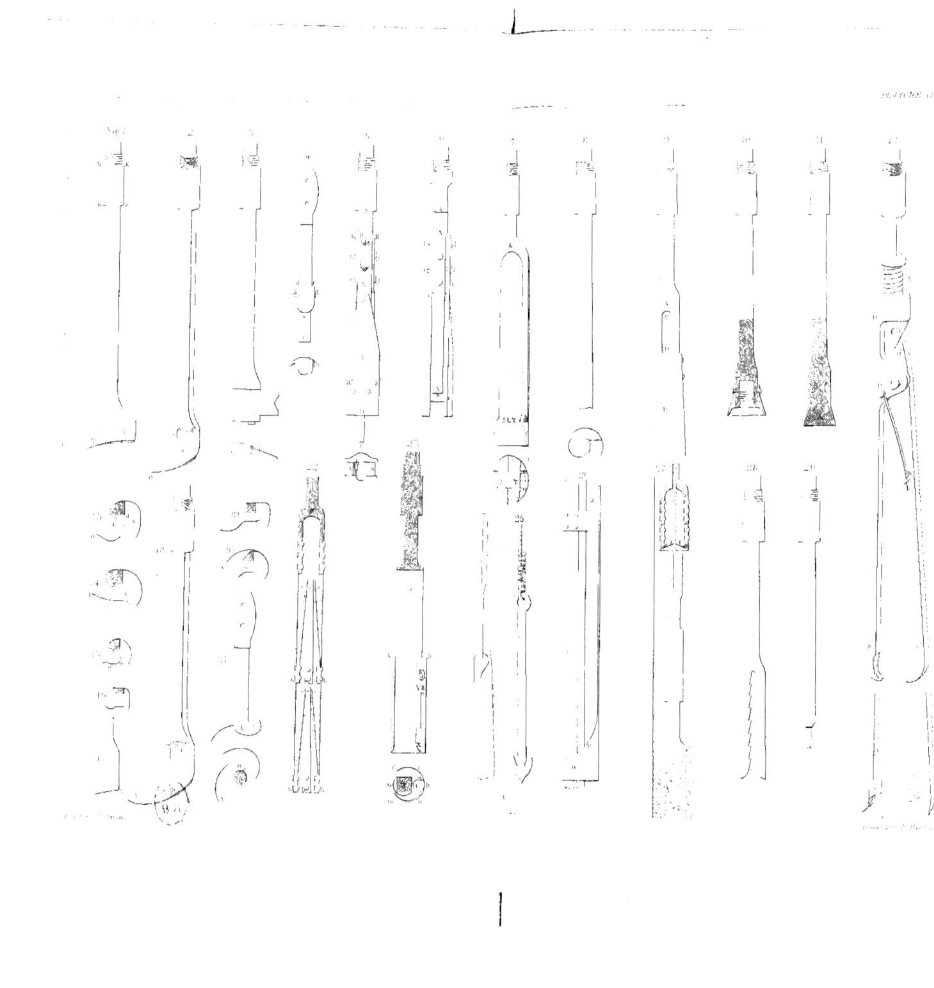

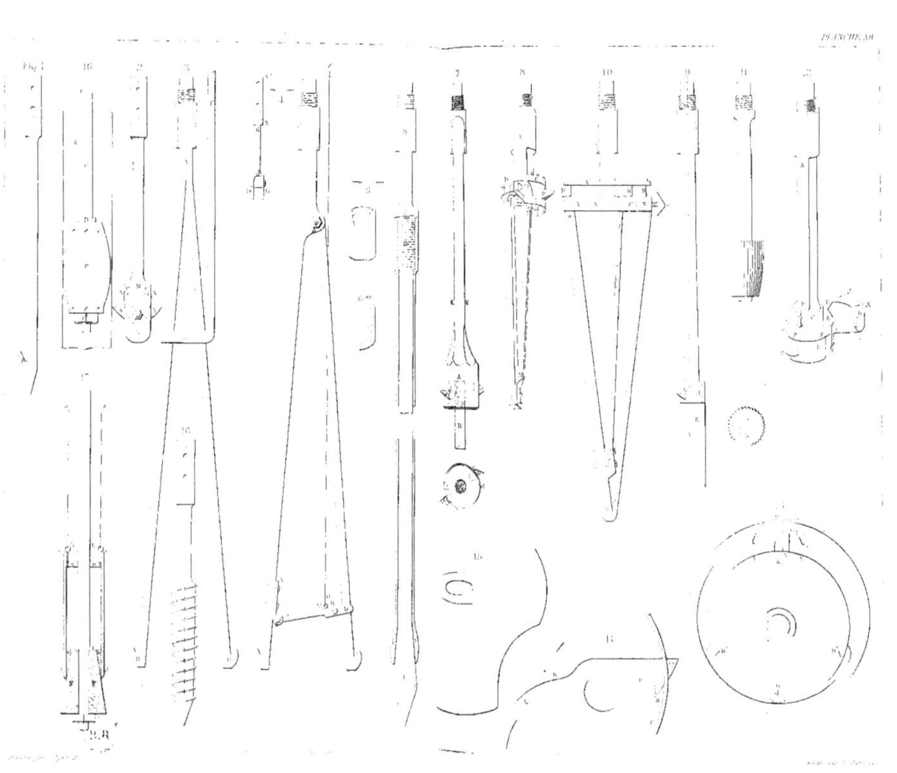

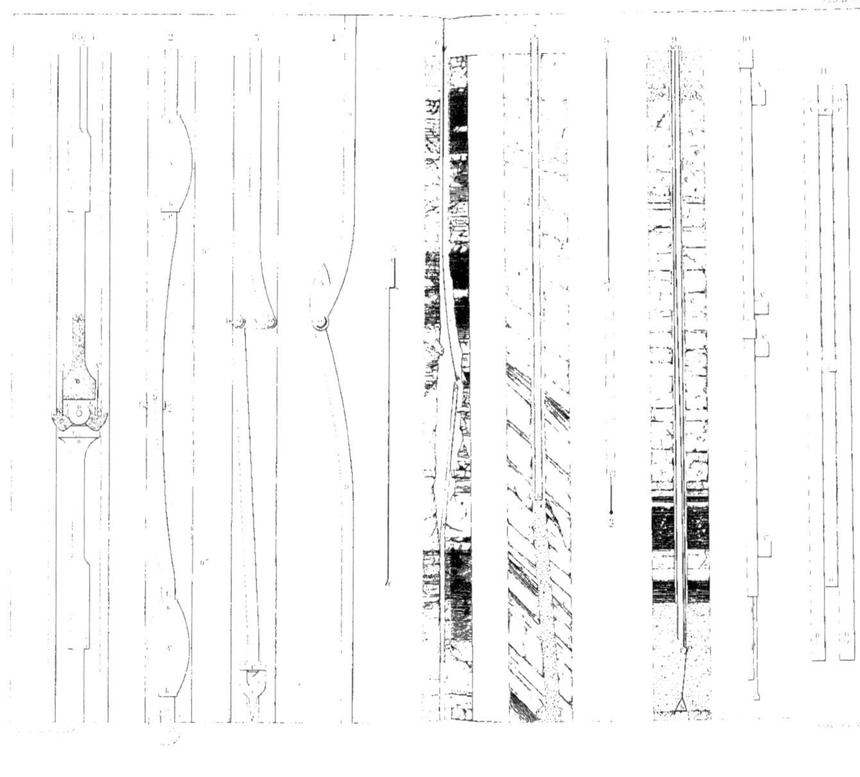

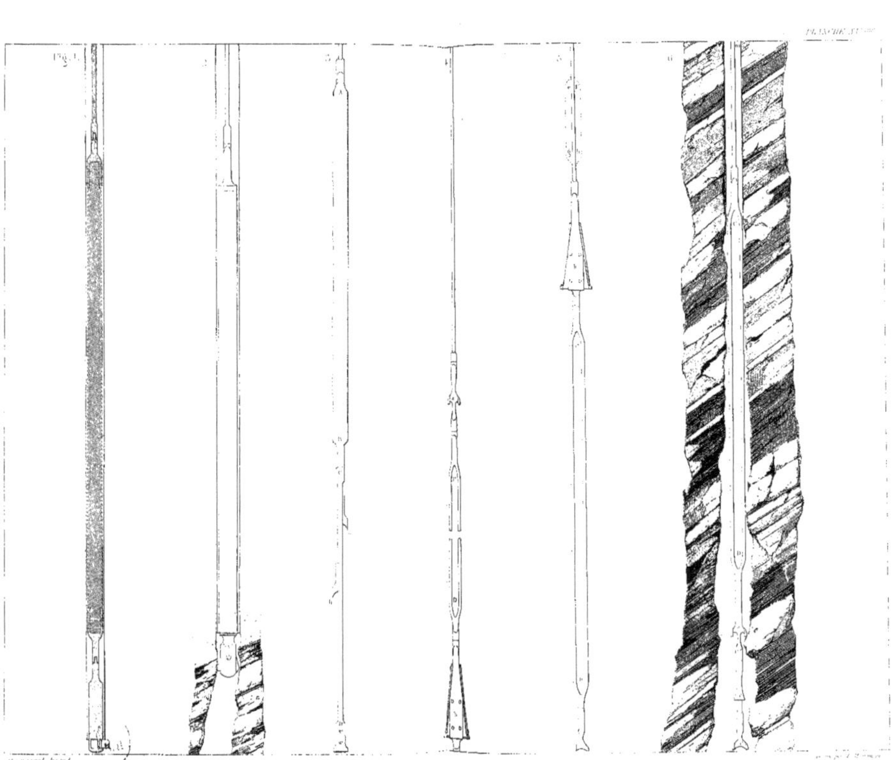

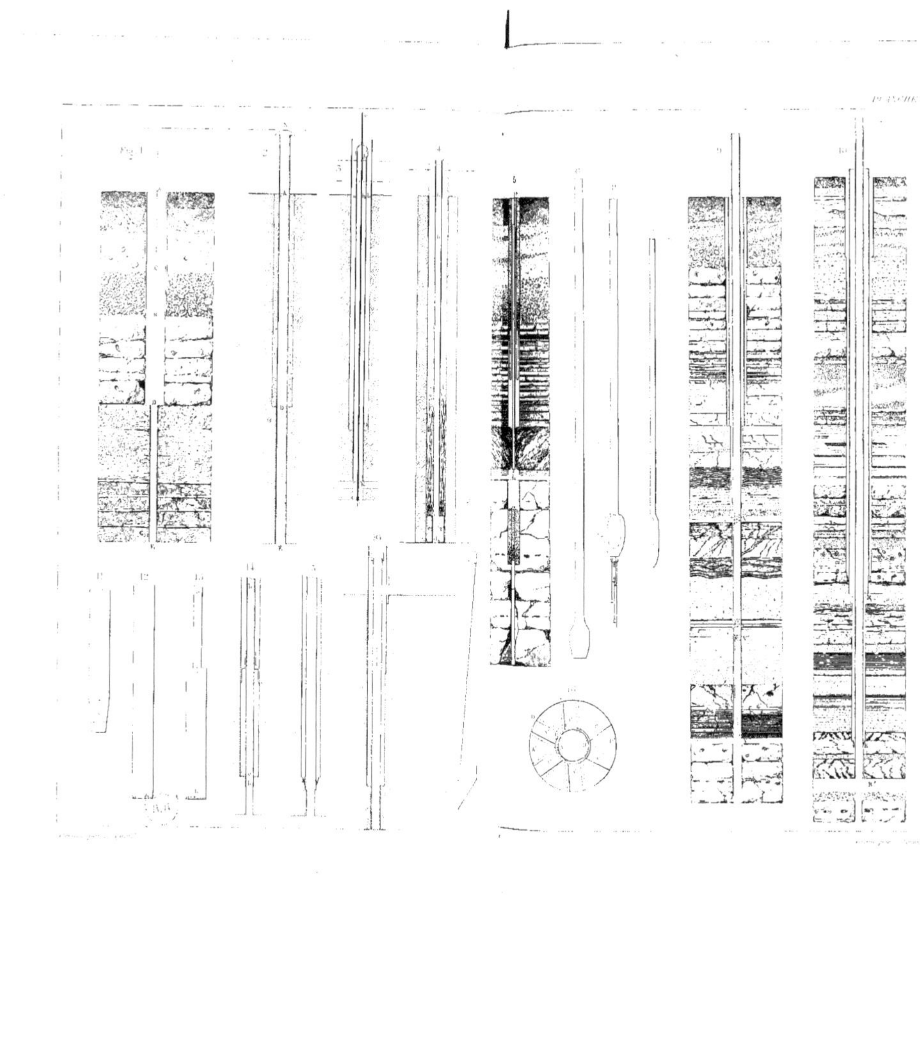

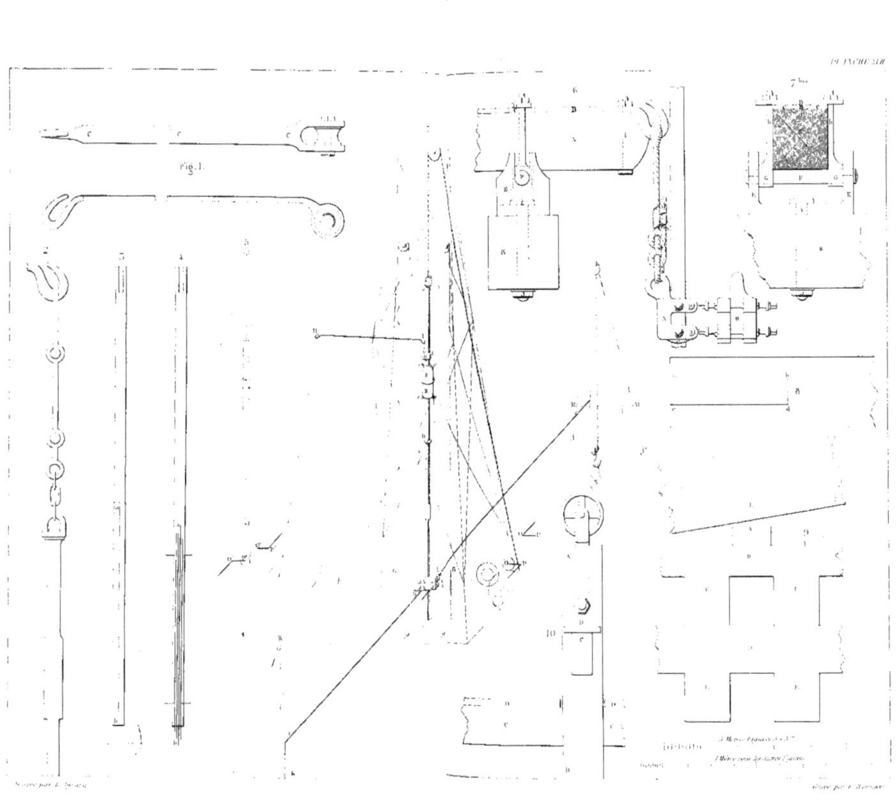
Fig. 1.

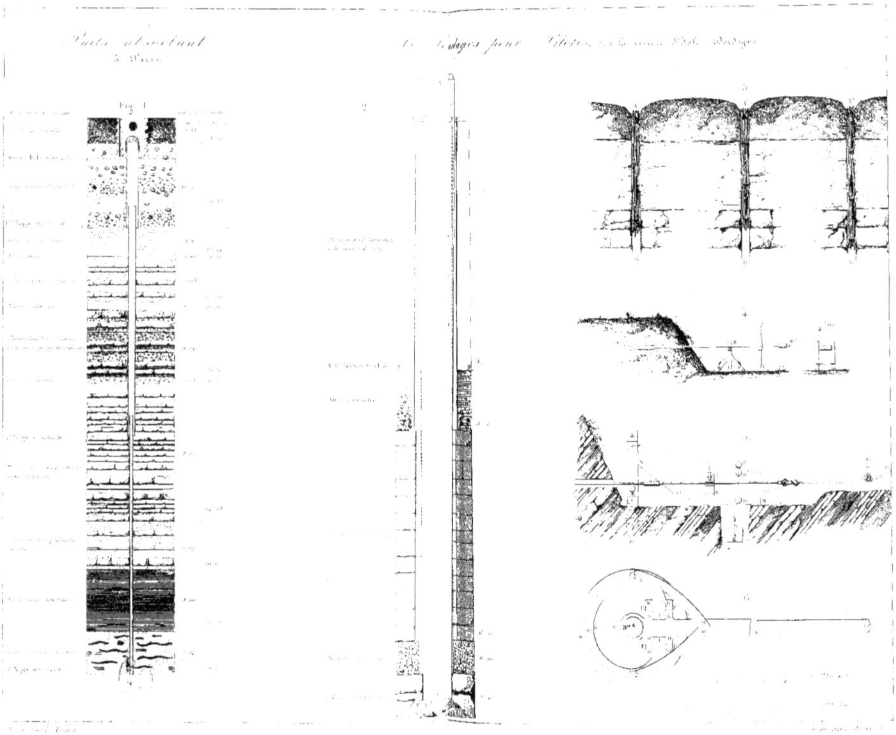

Fig. 1

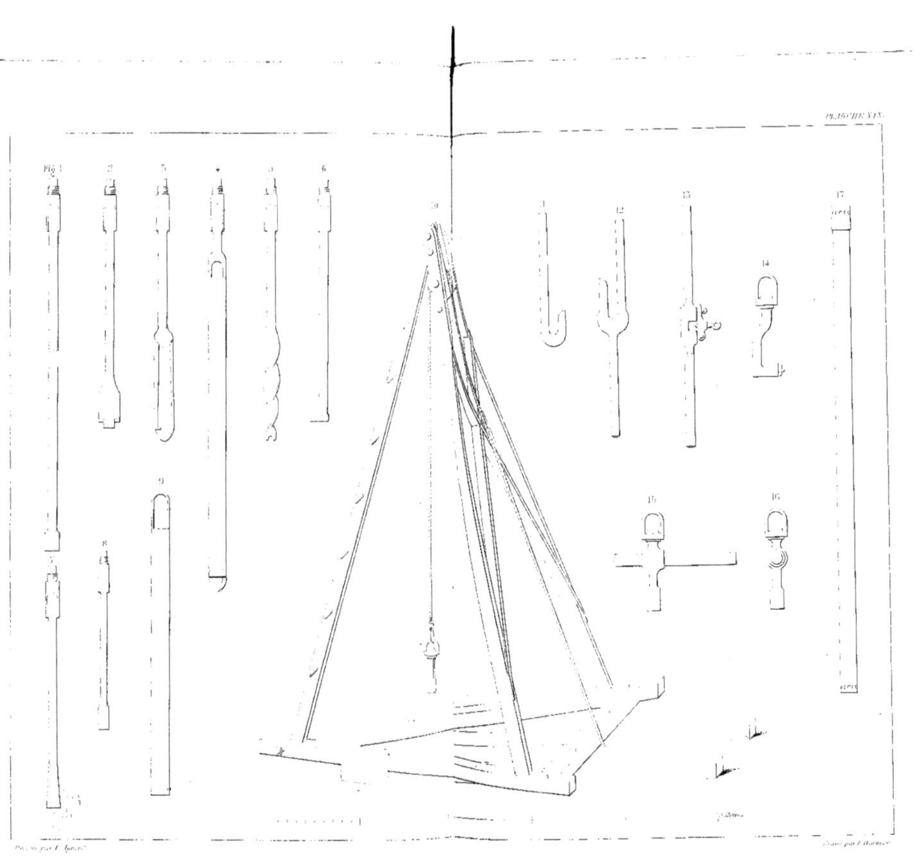

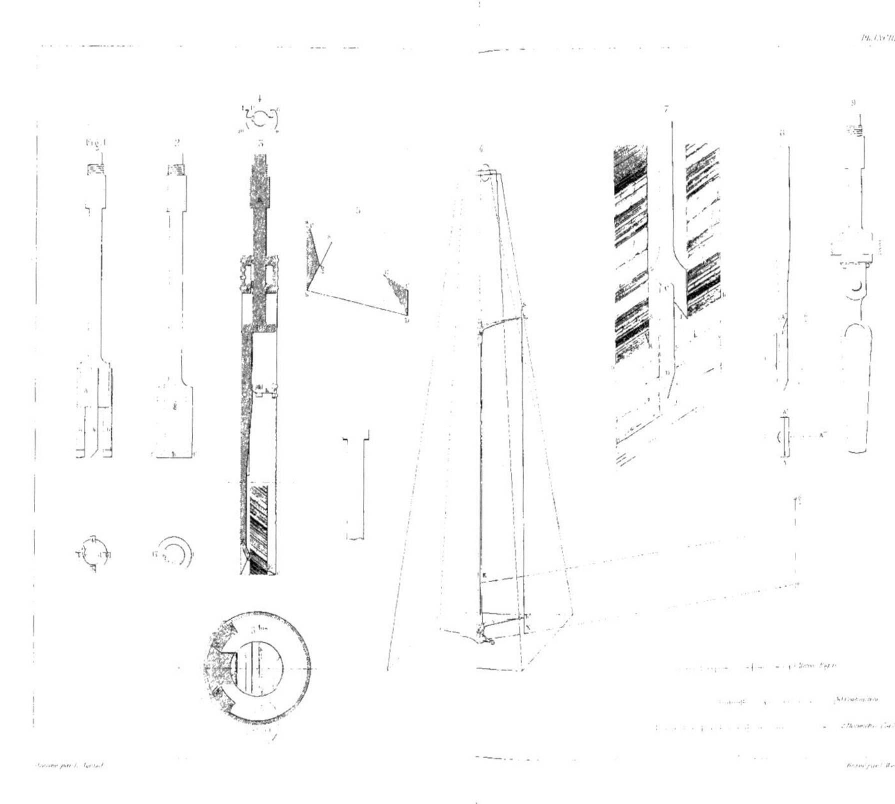

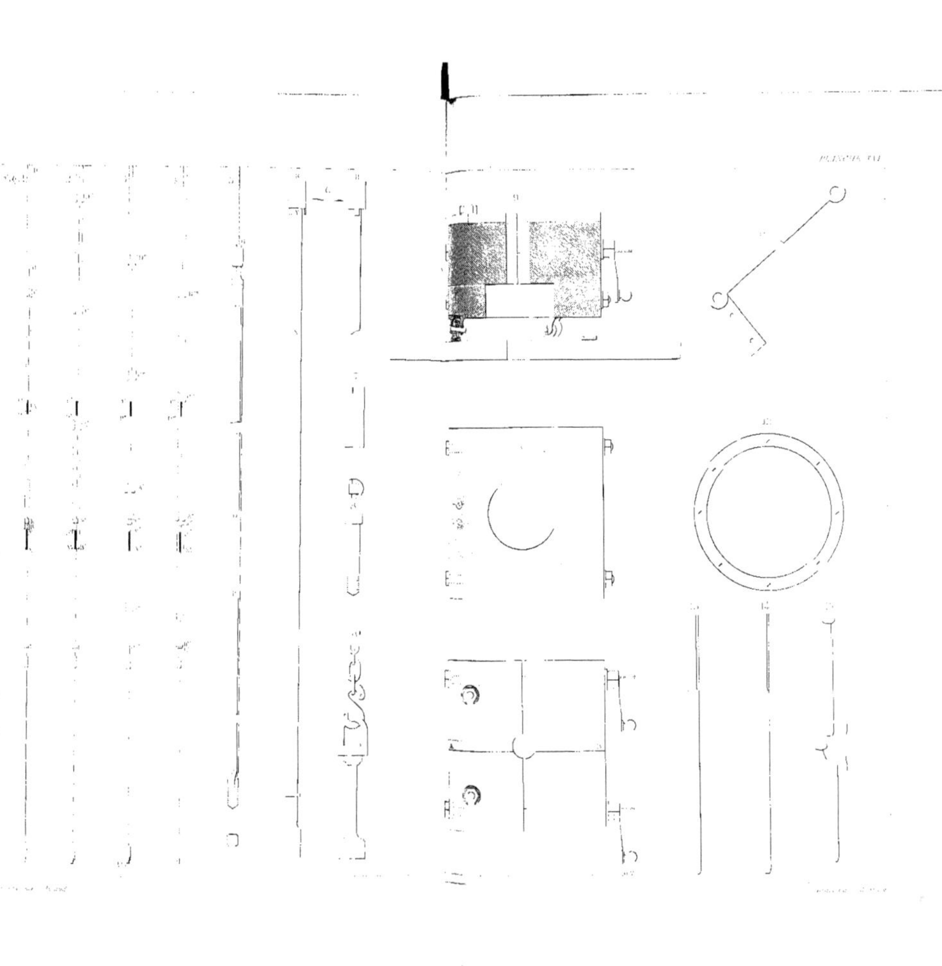

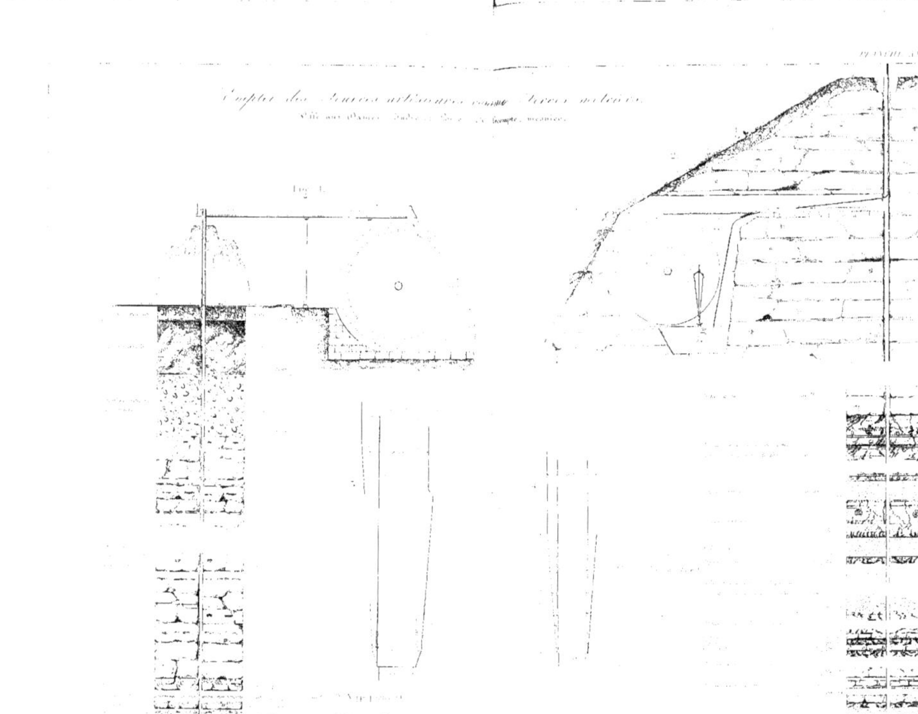

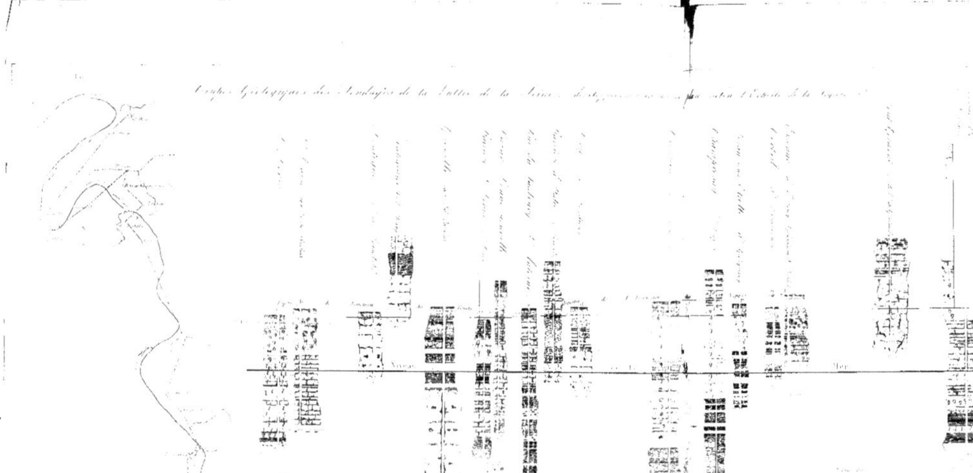

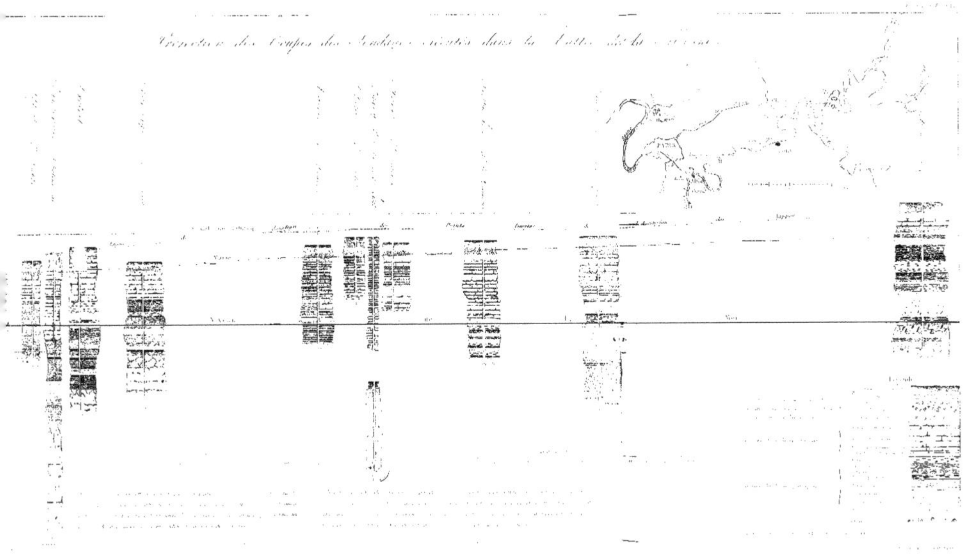

Direction des Coupes des Sondages exécutés dans la Vallée de la [illegible]

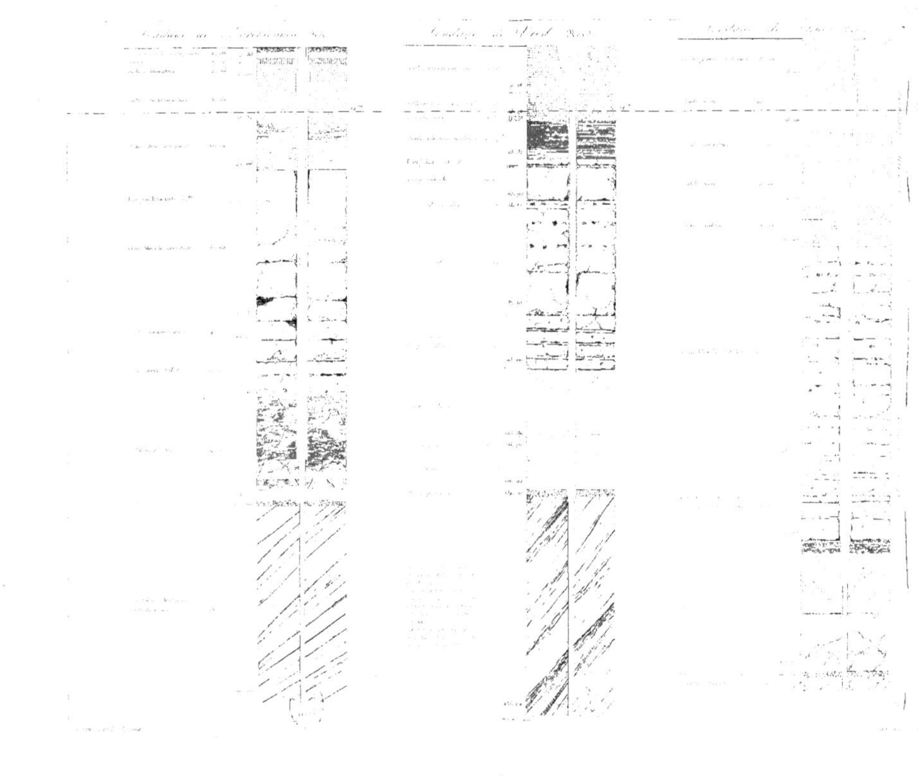

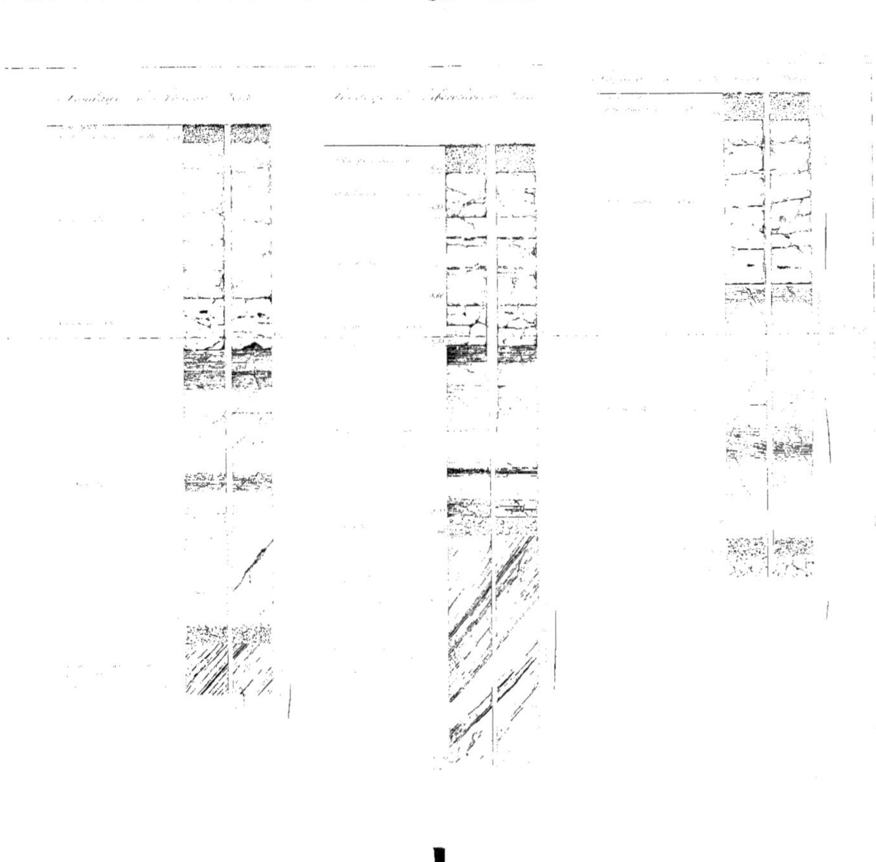

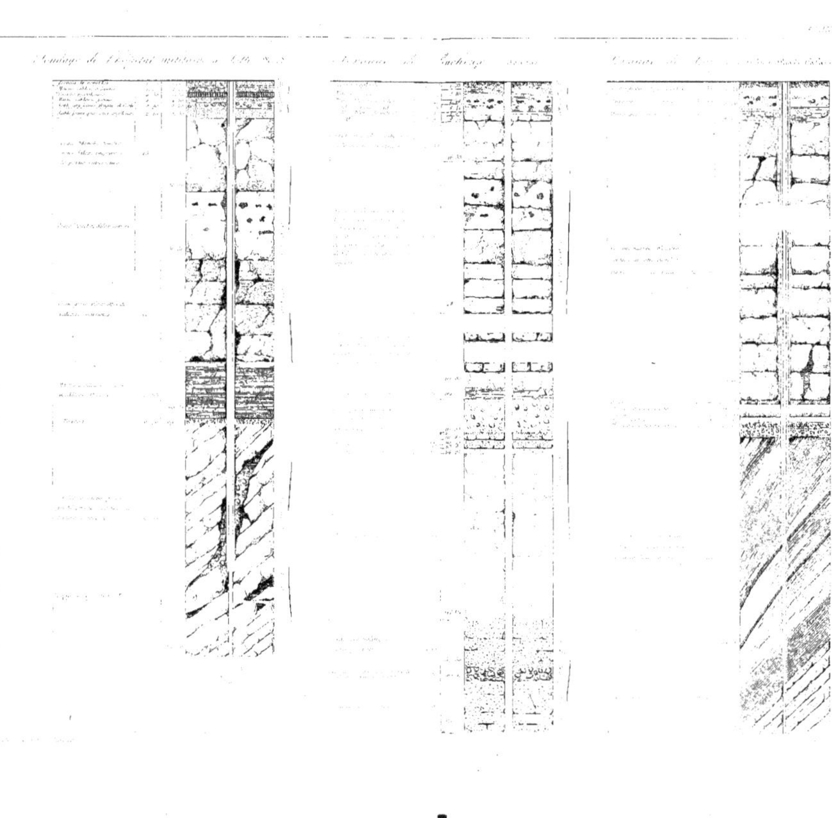

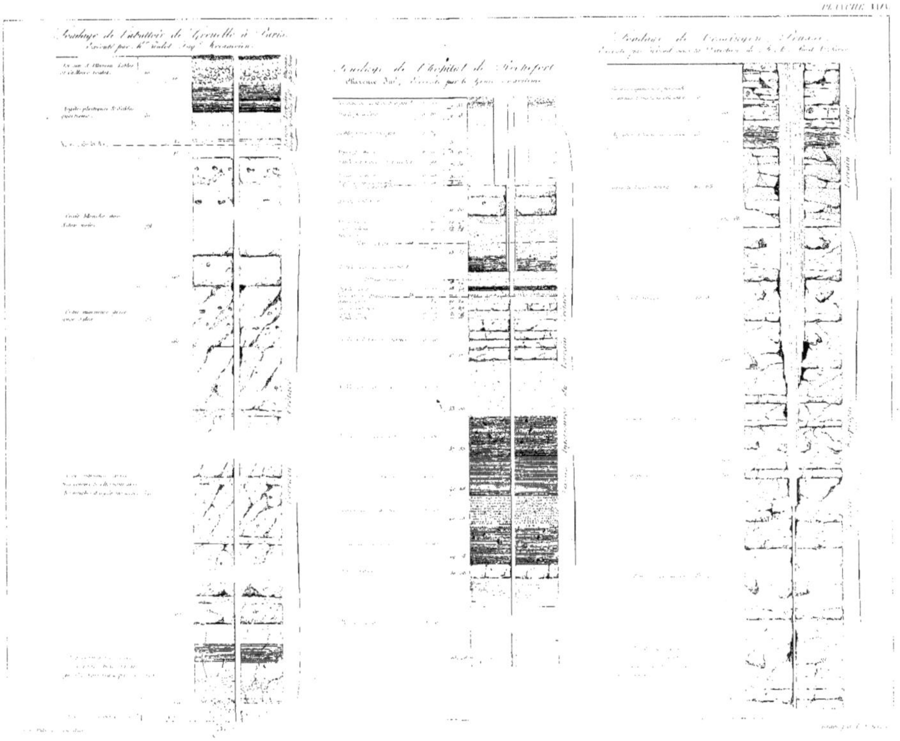

PLANCHE XIX

Sondage de l'abattoir de Grenelle à Paris.
Exécuté par Mr Mulot Ingr Mécanicien.

Argile plastique & Sables quartzeux

Craie blanche avec silex noirs

Sondage de l'hôpital de Rochefort
(Charente Infre), Exécuté par le Génie maritime.

Sondage de [illegible], Prusse.

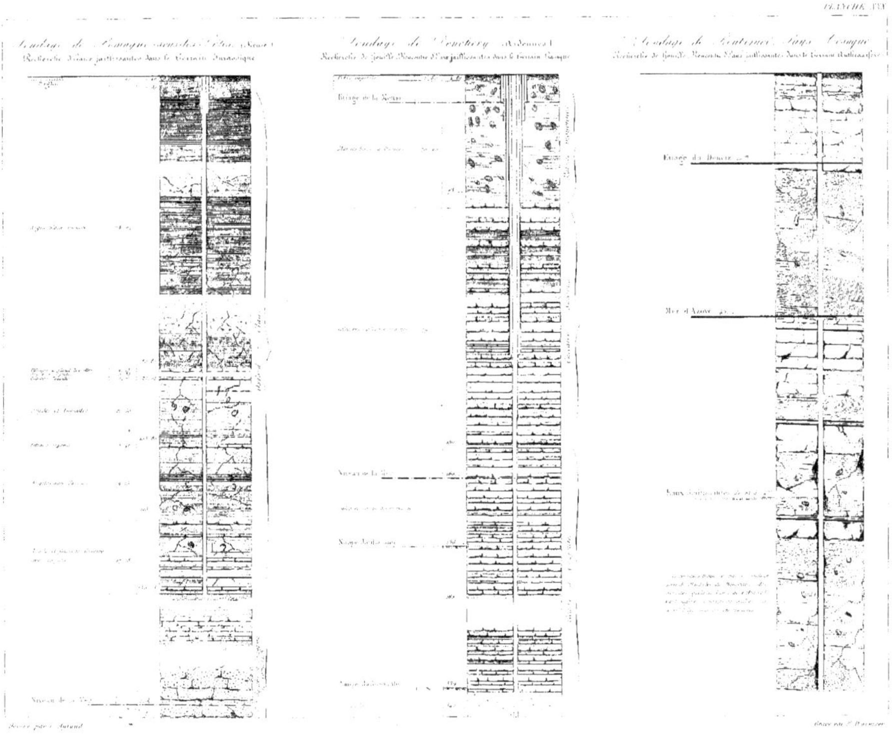

PLANCHE [illegible]

Sondage de Romagne-sous-les-Côtes (Meuse)
Recherche d'eaux jaillissantes dans le Terrain Jurassique

Niveau de la Mer

Sondage de Donchery (Ardennes)
Recherche de houille. Rencontre d'eaux jaillissantes dans le Terrain [illegible]

Étiage de la Meuse

Niveau de la Mer

Nappe jaillissante

Sondage de [illegible] Pays Cosaque
Recherche de houille. Rencontre d'eaux jaillissantes dans le Terrain Anthracifère

Étiage du Donetz

Mer d'Azov

Eaux jaillissantes

Dessiné par [illegible]

Gravé par [illegible]

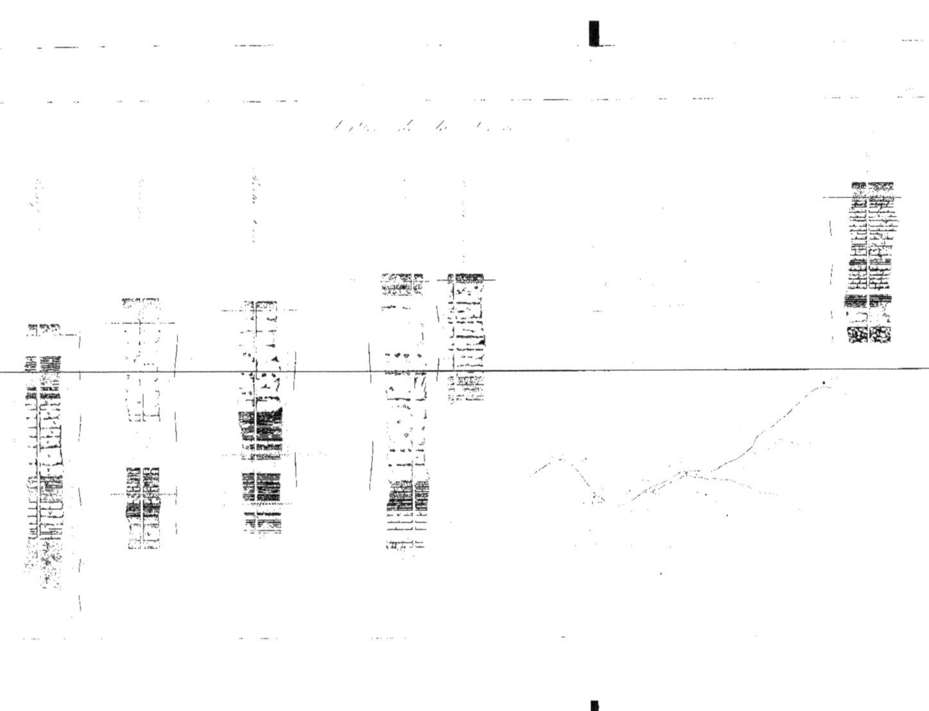

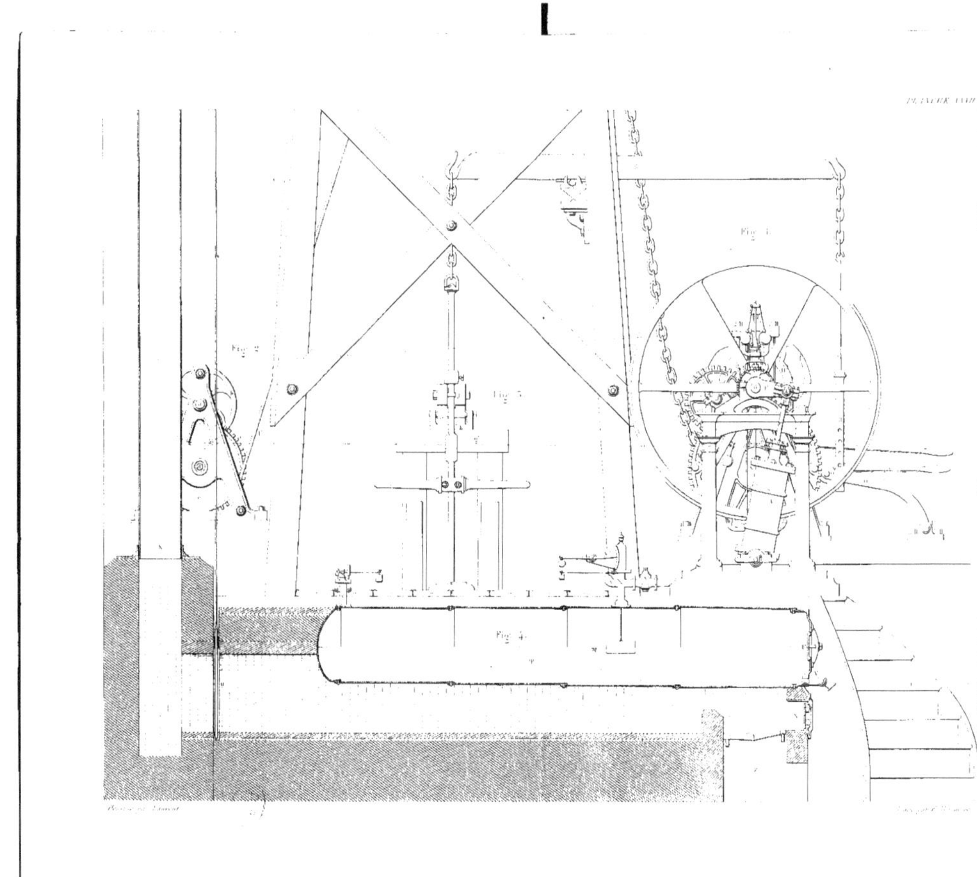

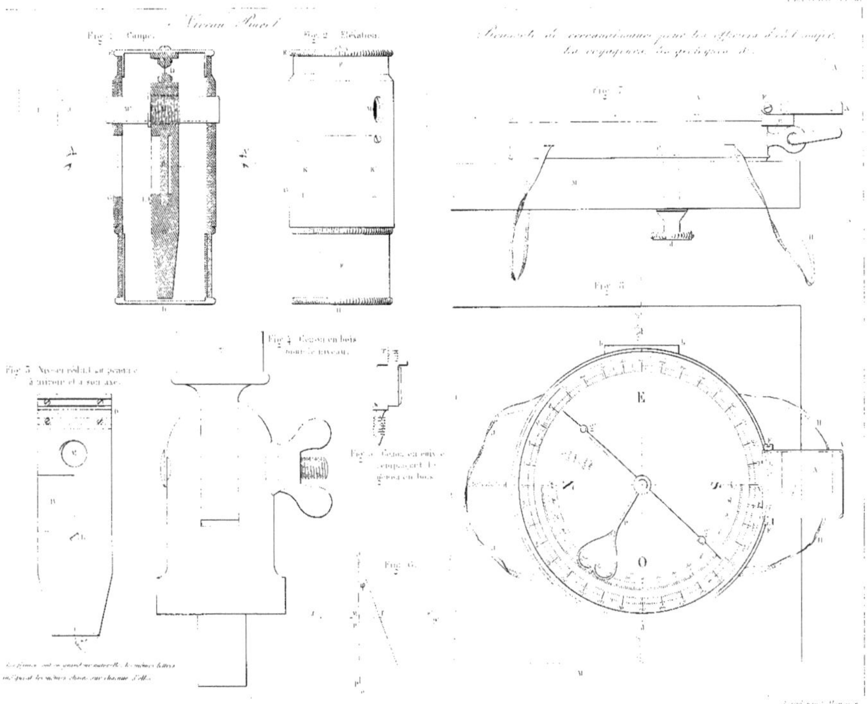

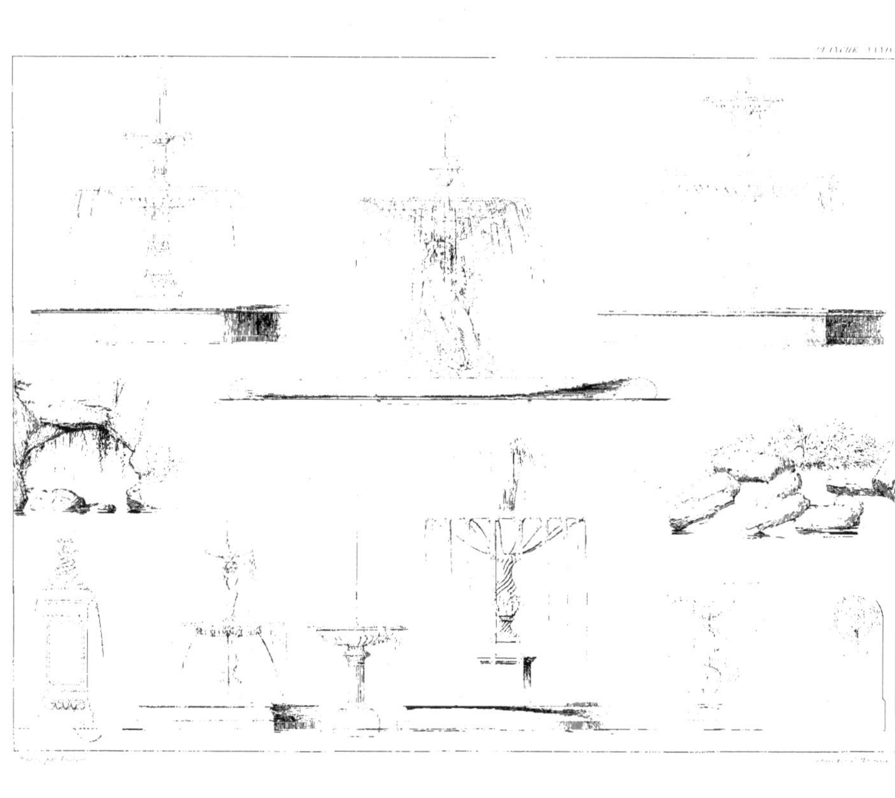

www.ingramcontent.com/pod-product-compliance
Ingram Content Group UK Ltd.
Pitfield, Milton Keynes, MK11 3LW, UK
UKHW020926180726
13838UKWH00002B/769